Harry Waibel

Rassistisches Pogrom
in Erfurt 1975

Titelbild: Das Hauptpostamt in Erfurt, 1980. Bundesarchiv, Bild 183-W0531–002, Jürgen Ludwig.

Harry Waibel, Dr. phil., ist Lehrbeauftragter der Freien Universität Berlin, Historische Forschungsarbeiten zu den Themen: Ursachen und Verlauf von Rassismus, Antisemitismus und Neonazismus in DDR und der Bundesrepublik.

Diese Veröffentlichung stellt keine Meinungsäußerung der Landeszentrale für politische Bildung Thüringen dar. Für inhaltliche Aussagen trägt der Autor die Verantwortung.

Landeszentrale für politische Bildung Thüringen
Regierungsstraße 73, 99084 Erfurt
www.lztthueringen.de
2024

ISBN: 978-3-910740-26-6

Inhalt

Einleitung   5

Pogrom in Erfurt im Sommer 1975   7

Rassistische Hetze   11

Juristische Vorgehensweise   13

Schluss   17

Abkürzungsverzeichnis   22

Endnoten   23

Einleitung

Wegen des allgemeinen Mangels an Arbeitskräften in der Volkswirtschaft der DDR begann ab Anfang der 1960er-Jahren die staatliche Anwerbung ausländischer Arbeiter. Ab 1962 wurden ca. 500 Polen als Lehrlinge in Braunkohlebetrieben eingesetzt und ab 1965 nahmen erstmals ca. 700 polnische Arbeiter und Techniker eine Tätigkeit auf, als sie zunächst beim Bau der Erdöl-Pipeline vom Rostocker Hafen nach Leuna und Schwedt, bei der Erweiterung des Eisenhüttenkombinats Ost in Eisenhüttenstadt sowie bei Rekonstruktionsmaßnahmen bei der Deutschen Reichsbahn (DR) beschäftigt wurden. 1967 vereinbarten die DDR und die VR Ungarn den Einsatz von ca. 15.000 ungarischen Arbeitern, die für jeweils drei Jahre in der DDR arbeiten sollten. Dieser Vertrag lief bis Ende 1980, jedoch hatten bereits viele der Ungarn die DDR vorzeitig wieder verlassen.[1]

Da diese Abkommen mit Ungarn (und Polen) nicht den von der SED-Führung gewünschten Effekt hatten, wurde mit Algerien am 11. April 1974 ein Abkommen über die Entsendung von »Vertragsarbeitern« abgeschlossen.[2] Danach wurden mit Kuba (1975 und 1978) und mit Mosambik (1979) ähnliche Verträge geschlossen. Die Verhandlungen mit Vietnam dauerten von 1976 bis 1980 und ab 1987/88 kam es zu einer wesentlichen Erweiterung der Zahl vietnamesischer ArbeiterInnen. 1984 wurde mit Angola ein Abkommen geschlossen, dass dem Abkommen mit Mosambik glich. Mit der VR China, Nord-Korea und mit der Mongolei wurden ebenfalls Verträge über den Einsatz von ArbeiterInnen abgeschlossen, deren Erfüllung durch das Ende der DDR obsolet wurde.[3]

Das Regierungsabkommen zwischen Algerien und der DDR vom 11. April 1974 hatte Modellcharakter, nachdem die zwischenstaatlichen Abkommen mit Kuba, Moçambique und Vietnam unterzeichnet worden waren. So galt eine 4-jährige Aufenthaltsdauer für jeden Beschäftigten, es gab ein Verbot des Zuzugs von Familienangehörigen und jeder Arbeitsvertrag konnte nur mit der Zustimmung der jeweiligen Regierungsvertreter gekündigt werden.

In der Regel wurden die ausländischen Arbeiter in der Industrie eingesetzt, wo sie als Schichtarbeiter Schwerstarbeit zu verrichten hatten. Die Bezahlung lag unterhalb eines durchschnittlichen Lohns eines deutschen Arbeiters. Rassistische Erniedrigungen und Konflikte in den Betrieben gehörten zum Alltag. Mosambikaner wurden mit dem Hinweis, sie seien ja ohnehin schon schwarz, an besonders ölverschmutzte Großmaschinen geschickt. Rebellierende Migranten wurden bedroht, man werde die Volkspolizei informieren und eine Zwangsausweisung würde dann erfolgen, wenn weiterhin gegen die »sozialistische Disziplin« angegangen werde. Solche rassistischen Vorfälle wurden in der gelenkten Öffentlichkeit tabuisiert. Die Gemeinschaft der Bürger der DDR war zuerst eine nationale der Ost-Deutschen.

Um das Jahr 1970 lebten in der DDR ca. 50.000 AusländerInnen und diese Zahl blieb ab 1980 konstant bei ca. 100.000. Im Jahr 1987 waren es 140.000, 1988 waren es 160.000 und 1989 gab es 190.000 AusländerInnen, was einem Anteil von ca. 1 Prozent an der erwerbstätigen Bevölkerung entspricht.

In der DDR hielten sich von 1974 bis 1985 mehr als 6.000 Algerier zur Berufs- und Weiterbildung auf. Als das Arbeitskräfteabkommen zwischen der DDR und Algerien 1985 eingestellt worden war, hielten sich nur noch 2.000 Algerier aus diesen Gründen in der DDR auf. 1988 waren es nur noch etwa 300 Algerier, die polizeilich gemeldet waren.[4]

Pogrom in Erfurt im Sommer 1975

Bereits ab den 1960er-Jahren gab es in Erfurt sowie in der näheren Umgebung rassistische Gewalt gegen Jugoslawen, Polen, Ungarn und Vietnamesen durch Neonazis, Skinheads oder Hooligans, die sich auch als Verehrer von A. Hitler oder der SS zeigten. Dazu kommen mehrere Schändungen jüdischer Friedhöfe und Gräber. Doch erst mit der Ankunft algerischer »Vertragsarbeiter«, sie waren die erste große Gruppe außereuropäischer »Vertragsarbeiter«, die nach Erfurt bzw. in die DDR kamen, radikalisierte sich eine große Anzahl Erfurter Einwohner und es kam zu einem rassistischen Pogrom. Im Stadtgebiet von Erfurt kam es ab Mitte Juni 1975 zu mehreren ausländerfeindlichen Konflikten, teilweise mit gewalttätigen Auseinandersetzungen, in die algerische Arbeiter verwickelt wurden.

Nachdem im Juni 1975 Algerier vom Personal aus dem Nordbad verwiesen wurden, ihnen war zur Last gelegt worden, sie hätten »weibliche Badegäste« belästigt, verursachten am nächsten Abend mehrere Algerier ruhestörenden Lärm und es wurde mit Pflastersteinen geworfen. Vier Wochen später gab es im Volkshaus Erfurt-Nord eine Schlägerei zwischen Algeriern und zwei Stunden später gab es vor der HO Gaststätte »Treffpunkt Johannesplatz« gewalttätige Auseinandersetzungen zwischen Algeriern und Ungarn. Zwei Tage danach kam es nach einer Tanzveranstaltung erneut zu gewalttätigen Auseinandersetzungen zwischen Algeriern und Ungarn. Auch dieses Mal soll die Ursache ein Streit »wegen Frauen« gewesen sein.[5]

In Erfurt kam es zwischen dem 10. und 17. August 1975 durch »nationalistisches und diskriminierendem« Verhalten von Deutschen zu gewalttätigen Ausschreitungen gegenüber algerischen Arbeitern, die sich zum ersten rassistischen Pogrom in Deutschland nach 1945 entwickelten. Darüber informierte die SED-Bezirksleitung Erfurt am 20. August 1975 Erich Honecker. Bereits am 15. August 1975 hatte die BL der SED das Mitglied des SED-Politbüros, »Genossen Paul Verner«, ausführlich informiert.[6]

Beim Volksfest auf dem Domplatz und in der Innenstadt von Erfurt kam es zu Beginn der »Zusammenrottung« am 10. August 1975, gegen 20.45 Uhr, zu gewalttätigen Auseinandersetzungen zwischen Algeriern und Deutschen, wobei »Schlagt die Algerier tot« gerufen wurde. Etwa 20 Personen waren an Schlägereien beteiligt und etwa 150 Schaulustige bildeten ein Publikum für das Geschehen. Danach wurden ca. 25 Algerier von ca. 300 Deutschen bis in die Nähe des Hauptbahnhofes getrieben, wo mit Latten und Stangen auf die Ausländer eingeschlagen wurde. In der Nähe des Fischmarktes sowie der Bahnhofshalle kam es wiederholt zu gewalttätigen Auseinandersetzungen. Dort wurden 4 Algerier und 16 Deutsche dem VPKA Erfurt zugeführt.[7]

Nach diesem rassistischen Pogrom erschienen algerischen Arbeiter am 11. August 1975 nicht zur Arbeit. Das MfS schätzte, dass sich bei den Algeriern »durch die Schlägerei eine gewisse Angstpsychose gebildet« hätte. Eine Information der BV Erfurt des MfS vom 14. August 1975 kritisierte ein Argumentationspapier des VE Bau- und Reparaturkombinats Erfurt, dass in der Vorbereitung des Einsatzes der algerischen Arbeiter erstellt hatte und in dem Aussagen getroffen wurden, »die die algerischen Werktätigen aus politischer Sicht« diskriminierten. Diese Passagen hätten ein Anlass sein können, »Missverständnisse aufkommen zu lassen hinsichtlich der Einschätzung der DDR gegenüber dem algerischen Volk«. Die Abt. XVIII der BV Erfurt des MfS leitete Maßnahmen ein, um diese Argumentation wieder »einzuziehen«.

Am 11. August, gegen 21.40 Uhr, hatten sich mehrere, mit Stöcken, Drahtseilen und Messern bewaffnete Algerier beim Wohnheim versammelt. Sie wollten mit der Straßenbahn ins

Stadtzentrum fahren, um dort Landsleuten zu Hilfe zu kommen. Die Straßenbahn stellte ihren Betrieb ein und Sicherheitsorgane des Staates lösten die Ansammlung auf und bewegten die Algerier ins Wohnheim. Die rassistischen Vorurteile von Deutschen führten dazu, das die Algerier im Wohngebiet beschimpft wurden: »ihr schwarzen Schweine, haut ab nach Hause!« An Arbeitsstellen wurden sie verächtlich als »faule Hunde« beleidigt. Morgens, gegen 06:40 Uhr stellte das MfS in der Unterkunft der Algerier eine Losung fest, in der gefordert wurde, die Arbeit am 11. August 1975 nicht aufzunehmen. Außerdem wurde ein Flugblatt gefunden, in dem »DDR – Faschisten« und »Wir wollen wieder nach Hause« stand.[8]

Am 12. August 1975 wurden etwa 12 Algerier, sie waren auf dem Weg zu ihrem Wohnheim, von etwa 50 bis 60 Deutschen verfolgt und angegriffen. Die Sicherheitsorgane geleiteten die Opfer ins Hauptpostamt und veranlassten über den Hinterausgang ihren »gedeckten Abtransport in Richtung Wohnheim«. Vor dem Gebäude wuchs der rassistische Mob auf etwa 150 Personen an und es wurde gerufen: »Gebt die Algerier raus«, »Schlagt die Algerier tot«, »Jagt sie heim«, »Sie sollen sich wieder in den Busch scheren«, »Hängt die Algerier auf« oder »Schlagt die Bullen tot«. Die Fensterscheiben der Betriebswache der Hauptpost wurden mit Steinen eingeworfen, wobei ein Mitarbeiter der Abt. K des VPKA leicht verletzt wurde. Der Mob wurde durch eine Einsatzreserve des VPKA »unter Anwendung notwendiger polizeilicher Hilfsmittel (Schlagstöcke, Diensthunde) aufgelöst. 19 Personen wurden von der VP vorläufig festgenommen (zugeführt).[9] Unter Polizeischutz konnten die angegriffenen Algerier, es gab viele Verletzte, in ihre Unterkünfte flüchten.[10] Die VP nahm ca. »30 DDR-Bürger und einige algerische Bürger in Haft«, wobei die Algerier bald aus der Haft entlassen wurden. Bei den Deutschen wurde die Einleitung eines Ermittlungsverfahrens geprüft.[11]

Am 13. August 1975, zwischen 22.00 und 24.00 Uhr, gab es bis zu 150 Personen, die mit Volkspolizisten »lautstarke und provozierende Diskussionen« führten. Fünf »Wortführer«

wurden dem VPKA zugeführt. In der Nähe des Wohnheims der Algerier wurde eine Ansammlung von etwa 20 Deutschen, sie waren mit »Stöcken« ausgerüstet, von Sicherungskräften aufgelöst und fünf »Rädelsführer« wurden verhaftet.[12]

Am 14. August 1975 wurde, gegen 23.00 Uhr, ein junger Mann (19 Jahre) dem VPKA zugeführt, weil er »mit einem Messer in der Hand auf dem Anger angetroffen wurde«. Er begründete seine Handlungsweise damit, er hätte von den »Algeriern die Schnauze voll«. Gegen 02.45 Uhr, es war mittlerweile der 15. August 1975 angebrochen, gab er beim VPKA an, dass ihn »drei algerische Bürger überfallen« und durch »Schnittwunden verletzt« hätten. Er wurde dahingehend überführt, sich in seiner Wohnung mittels Rasierklinge die Verletzung »selbst beigebracht zu haben«, um gegen die »Algerier vorzugehen«.[13]

Am 16. August 1975 kam es in Erfurt zu einer Zusammenrottung von Deutschen, von denen zwei sich mit »Fahrtenmessern« bewaffnet hatten, die Algerier angreifen wollten.[14] Die Sicherheitskräfte, BVfS und VP, verhinderten zwei Mal, dass dieser Mob sein Vorhaben umsetzen konnte.

Am 17. August 1975, 00:45 Uhr, fand der Heimleiter des Wohnheims der Algerier in einem Zimmer bei einem Algerier, ein unbekleidetes Mädchen (13 Jahre). Die Volkspolizei übergab das Mädchen seinen Eltern. Von algerischer Seite wurde vorgebracht, dass es für sie nicht akzeptabel wäre, keinen Besuch empfangen zu dürfen.

Rassistische Hetze

Am Abend des 17. August 1975 wurden Algerier in der HO Gaststätte »Braugold« aus dem Lokal verwiesen: »für euch ist hier kein Platz!«. Danach gab es in der Gaststätte »Freundschaft« einen Streit zwischen einem Algerier und einem Ungarn. Eine Streife der VP geleitete den Algerier ins Wohnheim.[15]

In Erfurt, speziell durch Verantwortliche der »Deutschen Reichsbahn« und des »VE Bau- und Reparaturkombinats« waren Gerüchte verbreitet worden, die zum Inhalt hatten, dass die Algerier »nicht so sauber«, »nicht arbeitsam« und dem »Alkohol und lockeren Frauen zugetan« wären. Ebenso wurden beim Personal der Erfurter Verkehrsbetriebe und beim VEB Optima rassistische Hetze betrieben. Dazu kamen Gerüchte über die Vergewaltigungen von deutschen Mädchen und Frauen, als auch Gerüchte über Tötungen von Ungarn und Deutschen, einschließlich Angehöriger der DVP. Die Gerüchte über angeblich von Algeriern ermordeten Deutschen, erstreckten sich von zwei bis zehn Toten.

Am 20. August 1975 wurden im Verwaltungsgebäude des Kfz.-Instandsetzungsbetriebs des VEB Verkehrskombinats Erfurt, von einem »Natürlichen Schutzverband« (NSV), rassistische Parolen aufgefunden:

»Algerier raus aus Deutschland.
1. Sie nehmen uns die Neubauwohnungen weg, und wir bekommen dann die verlausten Buden, die sie hinterlassen.
2. Sie nehmen uns die Arbeit weg, und wir bekommen die Dreckarbeit.
3. Sie haben kein Benehmen.

4. Sie nehmen uns die Mädchen weg.
5. Sollen sie doch ihr Land aufbauen und nicht in der Welt
    rumgammeln.
Natürlicher Schutzverband.«

Der Urheber dieser Schmiererei wurde personifiziert und gegen ihn wurde ein Ermittlungsverfahren gemäß § 220 Staatsverleumdung StGB mit Haft eingeleitet.[16]

Juristische Vorgehensweise

Bis zum 14. August 1975 wurden 27 Ermittlungsverfahren, davon 22 mit Haft, und neun Ordnungsstrafverfahren eingeleitet. Es gab insgesamt 57 Zuführungen, aus denen dann fünf Vorbestrafte als »Rädelsführer« bestimmt wurden. Fünf Arbeiter wurden als »Rädelsführer und Rowdys« am 19. August gerichtlich zur Verantwortung gezogen. Es stellte sich heraus, dass sie bereits zuvor mit Gesetzen in Konflikt gekommen waren. Als Ursachen für das Pogrom wurden »antisozialistische, nationalistische« Einstellungen der Täter genannt. Der Rat der Stadt Erfurt, der Rat des Kreises Erfurt und verschiedene Grundorganisationen sollten eine »umfassende« politische Arbeit entwickeln, um freundschaftliche Beziehungen mit den Algeriern bei der Arbeit und in der Freizeit auszubauen und dazu sollten »Freundschaftstreffen« und sportliche Wettkämpfe organisiert werden.[17]

In einer zusammenfassenden Einschätzung der BV Erfurt des MfS über die »Vorkommnisse« im August 1975 in Erfurt wird die Widersprüchlichkeit der Analyse der Offiziere des MfS sichtbar, wenn festgestellt wurde, dass »die algerischen Staatsbürger im Allgemeinen nicht Ursachen bzw. Anlässe der Vorkommnisse bildeten und gaben«.[18] Die Spannungen wären entstanden, so diese Einschätzung weiter, dass erstens »DDR- und ungarische Bürger ihre Positionen (vor allem auch unter der weiblichen Jugend Erfurts) durch die Neuankömmlinge gefährdet sahen (u. a. mußten algerische Werktätige in der Diskothek ›Freundschaft‹ ihre Plätze an junge Bürger der Bezirkshauptstadt oder an Ungarn abtreten, zum Teil unter Zwang)«.

Zweitens hätten »negative und asoziale Kräfte« die ideologischen Unklarheiten zur Anwesenheit der Algerier ausgenutzt, um Stimmung gegen die Algerier zu erzeugen, »die in den [...] Ausschreitungen gipfelten«.

Drittens wurden solche Einstellungen in Erfurt zu »umfangreich vorhandenen Vorurteilen« ausgebaut, durch eine »Argumentation des Bau- und Reparaturkombinats Erfurt«, mit der antialgerische bzw. antiislamische Bewertungen befördert wurden.[19]

Die algerischen Arbeiter, die sich im VEB Bau- und Reparaturkombinat Erfurt zu einem »Komitee der algerischen Arbeiter« organisiert hatten, bekamen die Härte der politischen und polizeilichen Verantwortlichen der DDR zu spüren. Als erstes wurden »Rädelsführer« festgestellt und danach war die »etappenweise« Abschiebung (»Rückführung«) von insgesamt 23 algerischen Werktätigen vorgesehen. Darunter sollten sich neun Personen befinden, die dem »provisorischen ›illegalen‹ Komitee‹ im Gaskombinat Schwarze Pumpe« angehörten, und weitere 14 Personen, die in der Vergangenheit durch »wiederholte Fehlschichten, kriminelles und negatives Verhalten« in Erscheinung getreten waren.[20]

Der Leiter der Hauptabteilung VII des MfS, Oberst Büchner, erstellte am 9. September 1975 für Oberst Dr. Irmler, Leiter der ZAIG, einen Bericht »über das Ergebnis der Überprüfung der im Zusammenhang mit den rowdyhaften Ausschreitungen zwischen Bürgern der Demokratischen Republik Algerien und Bürgern der DDR durch die Sicherheitsorgane, die zuständigen staatlichen Organe und gesellschaftlichen Kräfte eingeleiteten Maßnahmen«. Auftraggeber für diese umfassenden Recherchen durch Mitarbeiter der HA VII, XVIII und XX, war der 1. Stellvertreter von Minister Erich Mielke, Generalleutnant Beater.[21] Die Ursache jedoch wären »junge Saboteure im Dienst der westdeutschen Revanchisten« gewesen, die vom bevorstehenden Besuch von Bundes-Kanzler Willy Brandt in Erfurt profitieren wollten.[22]

Von 1975 bis zum März 1978 wurden 1.101 Algerier in ihr Heimatland zurückgeführt, davon waren 770 Rückführungen aus »disziplinarischen Gründen« und 331 Algerier wurden aus »persönlichen oder sonstigen Gründen« rückgeführt.[23]

Der algerischen Staatsführung waren diese »Rückführungen« nicht entgangen und so erklärte der Staatspräsident Boumediene dem Staatssekretär für Arbeit und Löhne im März 1976, dass »die DDR (nicht) jeden algerischen Werktätigen, der sich nicht einordnen kann, sofort nach Hause schicken soll, damit das Abkommen in keiner Weise gefährdet und alle Konflikte in der DDR sofort beseitigt« werden sollten.[24] Hier beginnt die massive Vertuschung und das Verschweigen über die Existenz eines gesellschaftlichen und institutionellen Rassismus, indem auch die Opfer zu Tätern gemacht wurden.

Die AG Ausländer der HA II des MfS verfasste im Oktober 1979 eine streng vertrauliche Analyse der Situation der algerischen Arbeiter in der DDR mit dem Titel: »Informations- und Arbeitsmaterial zum Aufenthalt algerischer Staatsbürger in der DDR«, die den Entwicklungsstand bis zum September 1979 umfasste.[25] Danach befanden sich zu dem genannten Datum insgesamt etwa 3.000 Algerier in der DDR – darunter ca. 2.500 Arbeiter. Es wurde analysiert, dass in den ersten Monaten ihres Aufenthaltes große Probleme mit der Arbeitsdisziplin zu beklagen waren. Daneben wären Probleme mit Alkoholmissbrauch und Streitereien im Zusammenhang mit und wegen deutscher Frauen vorgefallen. Die Algerier würden oft unbeherrscht auf Meinungsverschiedenheiten reagieren, sodass Sachbeschädigungen und Körperverletzungen die Folge gewesen wären.

Im ersten Halbjahr 1979 gab es 328 Vorkommnisse mit Algeriern. Gegen 143 Algerier wurden Ermittlungsverfahren eingeleitet. Die Straftaten wie z. B. Körperverletzungen, Sexualdelikte, Diebstahl, Rowdytum und Widerstand gegen staatliche Maßnahmen riefen »im Territorium« ernsthafte Konflikte hervor und sie schmälerten »erheblich das Ansehen« aller Algerier bei der deutschen Bevölkerung. Trotz Einflussnahmen konnten die Sicherheitsbehörden nicht verhindern, dass deutsche Frauen den Wunsch hatten, einen Algerier zu ehelichen.[26]

»Negative Elemente« unter den Algeriern, die keinen »Willen zur Anpassung« zeigten, sollten ausgesondert werden, damit sie nach Algerien zurückgeführt werden konnten. Bei den Deutschen die »sich negative Einstellungen zu bestimmten Ausländern stärker konserviert« hatten, sollte eine ideologische Vorbereitung stattfinden. Schwerpunkte sollten die Einsatzbetriebe, die Umgebung der Wohnheime sowie die jeweils »örtliche Jugend« sein, wo mittels Zeitungsartikel und Veranstaltungen, auch über persönliche Gespräche, Einfluss genommen werden sollte.

Schluss

Der institutionalisierte Rassismus zeigte sich auch darin, dass die Algerier in Wohnheimen untergebracht wurden, die strikt von anderen Ausländern getrennt waren und die fern von Wohnkomplexen von deutschen Erfurtern lagen. Besonders groß sollte der Abstand zu afrikanischen Arbeitern sein, da die Araber historisch und aktuell dunkelhäutige Afrikaner als »minderwertig« betrachten würden. Die Betriebsleiter sollten jeweils für jeden einzelnen Algerier eine Karteikarte anlegen, auf dem neben einem Passbild Beschreibungen der charakterlichen Eigenschaften, Besonderheiten oder persönliche Verbindungen vermerkt werden, die laufend vervollständigt werden sollten. Dazu sollten die Betriebe mit den verantwortlichen Dienststellen der DVP und mit den »Informellen Mitarbeitern« (IM) des MfS zusammenarbeiten, wofür Deutsche gewonnen werden sollten, die als Betreuer oder Dolmetscher unmittelbar Einfluss nehmen konnten.[27]

Nach den Informationen des MdI vom 9. Januar 1984 hielten sich 1.432 Algerier ständig oder längerfristig in der DDR auf. Etwa 1.000 Personen waren Arbeiter, die durch das binationale Abkommen von 1974 ins Land gekommen waren. Im Jahr 1984 sollte diese Zahl um 600 Personen vermindert werden und im Jahr 1985 sollten die letzten Algerier zurückgekehrt sein. Das Abkommen zwischen der DDR und der DVR Algerien lief dann aus, d. h. es wurde nicht verlängert.

Die Probleme zwischen den beiden Staaten blieben bestehen, besonders bei den bi-nationalen Paaren und Ehepaaren und den Kindern, die aus solchen Beziehungen stammten. Außerdem beschwerten sich algerische Botschaftsangehörige darüber, dass die Haftbedingungen für algerische Gefangene nicht verbessert wurden. Ein Beispiel war die vorläufige

Festnahme von Mohamed Lamrani, staatlicher Beauftragter für die algerischen Arbeiter im Automobilwerk Ludwigsfelde. Gegen Lamrami war am 5. Juni 1984 ein Ermittlungsverfahren in Zollangelegenheiten eingeleitet worden. Die Botschaft hätte erst einen Monat später davon erfahren. Lamrami war zu einem Verhör in die Zolldienststelle Potsdam geladen worden, wobei sich dieses Verhör über 24 Stunden erstreckte. Dem Verhörten war keine Gelegenheit gegeben worden, sich mit der Botschaft in Verbindung zu setzen.[28]

Die Hauptabteilung II, AG Ausländer, teilte in einer Information vom 10. Oktober 1988 mit, dass 1985 auch das Abkommen zur Aus- und Weiterbildung von algerischen Arbeitern eingestellt worden sei. Im Zeitraum von 1974 bis 1985 haben mehr als 6.000 Algerier eine Berufs- oder Weiterbildung erhalten und allein im Jahr 1984 hielten sich in diesem Kontext ca. 2.000 Algerier in der DDR auf. Im Oktober 1988 waren noch ca. 300 Algerier in der DDR gemeldet. In dieser Information wird der »hohe zahlenmäßige Anteil« von Algeriern, die mit Deutschen verheiratet waren und die in der DDR ihren Wohnsitz hatten (167), beklagt. Damit bildeten damals die Algerier die »zahlenmäßig größte Personengruppe« ausländischer Arbeiter, die in der DDR lebten.[29]

Das bilaterale Abkommen mit der VR Algerien vom 11. April 1974 sah jeweils einen vier-jährigen Aufenthalt vor und der Anfang wurde probeweise geplant für einen Einsatz von 500 Arbeitern in fünf Betrieben der Kohle- und Baustoffindustrie sowie im Landmaschinenbau. Erschienen waren zwischen dem 8. und dem 11. August 1974 dann nur 368 Algerier.

In der Folge der rassistischen Gewalttätigkeiten gegen Algerier kam es 1975 und 1976 in acht Betrieben zu Arbeitsniederlegungen von über 600 algerischen Arbeitern. Im Kombinat Schwarze Pumpe (Bezirk Cottbus) befanden sich insgesamt 300 Algerier, die zu jeweils 30 Mann in Baracken lebten, die im Sommer heiß und im Winter kalt waren. Zwei oder drei Personen wohnten in einem Raum, in dem sich eine Toilette und eine Dusche befanden. Gekocht wurde in

Gemeinschaftsküchen. Von deutschen Behörden wurde deshalb festgelegt, dass »algerische Werktätige, die schwerwiegende Rechtsverletzungen« begangen hätten, »unverzüglich in die DVRA« abzuschieben wären.

Um sicher zu gehen, dass diese »Unruhestifter« nicht wieder in die DDR einreisten konnten, wurde am 22. April 1976 durch das Staatssekretariat für Arbeit und Löhne (SAL) im MdI festgelegt, dass »eine Einreisesperre für rückgeführte algerische Bürger« beantragt und ausgesprochen werden konnte. Davon betroffen waren »sowohl gefährliche Straftäter wie auch Personen, die andere algerische Bürger zu Arbeitskonflikten und erheblichen kriminellen Handlungen aufwiegelten, ohne sich an den Handlungen aktiv zu beteiligen bzw. als Anführer in Erscheinung« traten. Außer den beiden Vertretern des MdI und den beiden Vertretern des SAL sollten »in das Verfahren ›Einreisesperren‹ wegen des hohen Geheimhaltungsgrades« keine weiteren staatlichen Mitarbeiter eingewiesen werden.[30]

Seit dem zwischenstaatlichen Abkommen zwischen der DVR Algerien und der DDR über die Entsendung von Arbeitern, wurden wegen Verstöße gegen Strafgesetze und gegen die Arbeitsdisziplin 750 Arbeiter zwangsweise nach Algerien zurückgeführt. Dazu kamen noch ca. 350 Algerier, die aus »persönlichen« Gründen zurückkehrten, obwohl die veranschlagte Aufenthaltsdauer vier Jahre betrug.[31] Bis Anfang 1978 wurden, aus disziplinarischen und persönlichen Gründen, rund 1.100 Arbeiter vorzeitig nach Algerien abgeschoben (»rückgeführt«). Das war ein Ausdruck der staatlichen »Maßnahmen zur Stabilisierung« der Situation mit den algerischen Arbeitern. Darunter befanden sich Algerier »die sich nicht einordnen konnten«, d. h. es wurden »Rädelsführer« ausfindig gemacht, zu Sündenböcken erklärt und abgeschoben.[32]

Ab November 1975 notierte das MfS mehrere Arbeitskonflikte in Betrieben mit algerischen Arbeitern und gleichzeitig wurde intern mitgeteilt, Algerier hätten auch »kriminelle Handlungen« begangen, »insbesondere Körperverletzungen, Rowdytum, Diebstähle zum Nachteil des persönlichen und des sozialistischen Eigentums, Sexualdelikte«. Die Konflikte hatten sich an Lohnminderungen entzündet, die jedoch durch »Arbeitsbummelei bzw. Fehlschichten« sowie durch geringere Anzahl von Arbeitsstunden entstanden wären.

Im VEB Gummikombinat Waltershausen, Kreis Gotha (Bezirk Erfurt) verweigerten am 4. Dezember vier Algerier die Arbeitsaufnahme, da sie beim Lohn für den Monat November eine Minderung von 40 bis 50 Mark feststellen mussten.

Ebenso verweigerten am 11. Dezember sechs Algerier im VEB Blechwalzwerk Olbernhau, Kreis Marienberg (Bezirk Erfurt) aus demselben Grund die Arbeitsaufnahme. Nachdem die Betriebsleitungen die Differenz erklärt hatten, nahmen sie die Arbeit wieder auf.

Weitere solcher Arbeitskonflikte über den Lohn und die Einstufung in die Lohngruppe IV fanden in den folgenden Betrieben statt: VEB Leuna-Werke, wo 11 Algerier für drei Stunden die Arbeit »verweigerten«; VEB Chemiewerk Coswig, Betriebsteil Rüdersdorf/Frankfurt/Oder, wo zwei Algerier die Annahme des Lohnes verweigerten; VEB Leichtmetallwerk Nachterstedt (Bezirk Halle), wo 20 Algerier die Annahme des Lohnes verweigerten; VEB IFA Automobilwerk Ludwigsfelde (Bezirk Potsdam), wo 12 Algerier mit der Höhe des Lohnes nicht einverstanden waren, da sie angeblich nicht den Unterschied zwischen Brutto- und Nettolohn verstanden; VEB Maschinenfabrik Meuselwitz, Kreis Altenburg (Bezirk Leipzig).[33]

Die rassistische Segregation von Ausländern am Arbeitsplatz und im Wohnheim durch staatliche Institutionen beförderte die in der Gesellschaft der DDR latent vorhandenen rassistischen Aggressionen, die ungezählte Verletzte und über 10 Tote, auch durch Lynchjustiz, hervorbrachten. In vielen Bereichen der Gesellschaft, an den Universitäten oder in Betrieben wurden Ost-Deutsche dazu genötigt zu erklären, keine Kontakte zu Ausländern aufzunehmen oder unvermeidbare Kontakte zu melden. Diese Kontaktsperre betraf auch Meister und Betreuer von ausländischen Arbeitern in der Industrie.[34] Formal gleichgestellt mit den Deutschen, waren sie in ihrem

Leben weitgehend rechtlos und am untersten Ende der sozialen Hierarchie eingeordnet. Niemand in der DDR wollte ihre Integration in die Gesellschaft, im Gegenteil, sie waren ständig von Sanktionen bedroht, gegen ihren Willen in ihre Heimat abgeschoben zu werden.[35]

Die Struktur der Wahrnehmung dieser Konflikte durch das MfS und damit für das gesamte Personal der Sicherheitskräfte war geprägt durch eine verdrängende Verleugnung der rassistischen Triebfedern, die das soziale und politische Klima in Erfurt und darüber hinaus bestimmten. So gingen die Sicherheitsbehörden nach dem Pogrom in Erfurt dazu über, den Druck in der Bevölkerung dergestalt zu reduzieren, dass mehr und mehr Opfer rassistischer Angriffe in Täter umgewandelt wurden.

Erkenntnisse konnte ich Mitteilungen und Berichten verschiedener Abteilungen des MfS entnehmen, wo alle internen Nachrichten regelmäßig und jahrzehntelang als »Streng Geheim«, »Geheime Vertrauliche Verschlußsache« (GVS), »Vertrauliche Verschlußsache« (VVS) oder »Nur für den Dienstgebrauch« (NfD) klassifiziert und archiviert wurden. Diese strenge Geheimhaltung ist die wichtigste Ursache dafür, dass es zu dieser Thematik über eine lange Zeit keinen öffentlich zugänglichen Kenntnisstand gab. Die Quellen zum Rassismus in der DDR sind weitestgehend und fast ausschließlich nur in Informationen aus den Archiven der vielen Behörden des ehemaligen Ministeriums für Staatssicherheit (MfS) zu finden, die dort gesammelt und vor der Öffentlichkeit total geheim gehalten wurden.

Die Fakten und Daten zum Pogrom in Erfurt sind nicht zu verstehen als Ausdruck der »Spitze eines Eisbergs«, sondern als Ausdruck der »Spitze einer Pyramide«. Das althergebrachte Bild vom Eisberg, dessen oberste Spitze nur zu sehen sei, stimmt so nicht, denn es sind inzwischen genügend Fakten ausgebreitet, die profunde Einblicke in das Vorgehen von Rassisten in der DDR ermöglichen.

Abkürzungsverzeichnis

BV   Bezirksverwaltung

BVfS   Bezirksverwaltung für Staatssicherheit

DVP   Deutsche Volkspolizei

DVRA   Demokratische Volksrepublik Algerien

HA   Hauptabteilung

HO   Handelsorganisation

MdI   Ministerium des Innern

MfS   Ministerium für Staatssicherheit

VE   Volkseigener

VEB   Volkseigener Betrieb

VP   Volkspolizei

VPKA   Volkspolizei-Kreisamt

Endnoten

1 Krüger-Potratz, a. a. O., S. 171; Vgl. Gruner-Domic (1992) a. a. O.; Thomä-Venske, S. 125–131.

2 Gruner-Domic, Sandra: Beschäftigung statt Ausbildung. Ausländische Arbeiter und Arbeiterinnen in der DDR, in: Motte, Jan/Ohliger, Rainer/Oswald, Anne (Hg.): 50 Jahre Bundesrepublik – 50 Jahre Einwanderung. Nachkriegsgeschichte als Migrationsgeschichte, Frankfurt/M. [u. a.], 1999, S. 217–222.

3 Gruner-Domic (1999), a. a. O., S. 219f.

4 BStU, MfS, HA II, Nr. 28659, Bl. 115f.

5 BStU, MfS, ZAIG 30554, Bl. 1ff, Bl. 15f, Bl. 28ff, Bl. 64ff, Bö. 110ff, Bl. 135–148.

6 BStU, MfS, HA XVIII, Nr. 21411, Bl. 8, 25; SAPMO-BArch DY 30 / 2220 v. 20. August 1975, Bl. 65, Bl. 67.

7 BStU, MfS-ZAIG, Nr. 30554, S. 90.

8 BStU, MfS-ZAIG, Nr. 30554, Bl. 89, Bl. 96f.

9 Bl. 98, BStU, MfS, ZAIG, Nr. 2420, Bl. 5ff, BStU, MfS-ZAIG, Nr. 30554, Bl. 77, Bl. 78ff, Bl. 98.

10 BStU, MfS, ZAIG 30554, Bl. 97; BStU, MfS, Erfurt, Abt XIV, 18, Bl. 1f, Bl. 57–73; BStU, MfS, HA IX, Nr. 11192, Bl. 39–57; Monatliche persönliche Information, FDJ BL Erfurt, 4.9.1975, SAPMO-BArch DY 24 / A 9.636, Bl. 11, Bougherara, a. a. O., S. 143–150.

11 BStU, MfS, HA XVIII, Nr. 21411, Bl. 8, 25; SAPMO-BArch DY 30 / 2220 v. 20. August 1975, Bl. 67.

12 SAPMO-BArch DY 30/2220, Bl. 67, BStU, MfS, ZAIG 30554, Bl. 98f, BStU, MfS, ZAIG 30554, Bl. 98f.

13 BStU, MfS, ZAIG 30554, Bl. 3f, Bl. 15, Bl. 28ff, Bl. 64ff, Bl. 99.

14 BStU, MfS-ZAIG, Nr. 30554, Bl. 72f.

15 Ebenda; BStU, Erfurt, Abt. XIV 18, Bl. 1f, Bl. 57–73.

16 BStU, MfS, ZAIG 30554, Bl. 130ff, BStU, MfS, Z 2424, Bl. 3.

17 BStU, MfS, ZAIG 30554, Bl. 100; BStU, MfS, Erfurt, Abt XIV, 18, Bl. 1f; Bl. 57–73; BStU, MfS, HA IX, Nr. 11192, Bl. 39–57; Monatliche persönliche Information, FDJ BL Erfurt, 4.9.1975, SAPMO-BArch DY 24 / A 9.636, Bl. 11, Bougherara, a. a. O., S. 143–150.

18 BStU, MfS, ZAIG 30554, Bl. 96.

19 BStU, MfS, ZAIG 30554, Bl. 108f.

20 BStU, MfS, ZAIG 20640, Bl. 23.

21 BStU, MfS, ZAIG 30554, Bl. 1ff, Bl. 15f.

22 Monatliche persönliche Information, FDJ BL Erfurt, 04.09.1975, SAPMO-BArch, DY 24/A 9.236, Bl. 11; Information der SED BL Erfurt an E. Honecker, Erfurt, 20. August 1975, Bl. 67. Nassima Bougherara: Die Rolle von Betreuern und Dolmetschern aus den Herkunftsländern, in: Almut Zwengel (Hg.): Die ›Gastarbeiter‹ der DDR. Politischer Kontext und Lebenswelten. Studien zur DDR-Gesellschaft, herausgegeben von Dieter Vogt und Sabine Gries. Ruhr-Universität Bochum, Band 13, Berlin Münster, 2011.2011, S. 143; BStU, MfS-ZAIG, Nr. 30554, Bl. 68f, BStU, MfS-ZAIG, Nr. 30554, Bl. 101–112.

23 Ebenda, S. 23.

24 BStU, MfS, HA II Nr. 32629, Bl. 15.

25 BStU, MfS, HA II, Nr. 32629, Bl. 64ff; Anlage Bl. 103–116.

26 BStU, MfS, HA II, Nr. 32629, Bl. 64ff; Anlage Bl. 103f.

27 BStU, MfS, HA II, Nr. 32629, Bl. 64ff; Anlage Bl. 106–116.

28 BStU, MfS – HA II, Nr. 32629, Bl. 166, Bl. 193, Bl. 195, Bl. 239.

29 BStU, MfS – HA II, Nr. 32629, Bl. 239f.

30 BStU, MfS, HA II Nr. 32629, Bl. 4f.

31 BStU, MfS – HA II, Nr. 32629, Bl. 2f.

32 BStU, MfS, HA II Nr. 32629, Bl. 4, Bl. 19.

33 BStU, MfS, ZAIG, Nr. 20640, Bl. 8f.

34 Hussain, Saleh: Die Situation der Ausländer vor der Wende (1989–1990), in: Stach, Andrzej/Hussain, Saleh: Ausländer in der DDR, Berlin 1991, S. 26.

35 Schüle, Annegret: Vertragsarbeiterinnen und Vertragsarbeiter in der DDR, in: Elena Demke/Annegret Schüle (Hg.): Ferne Freunde – Nahe Fremde. Unterrichtsmaterialien zum Thema Ausländer in der DDR. Werkstatt DDR-Geschichte für die Schule. Berliner Landesbeauftragter für die Unterlagen des Staatssicherheitsdienstes der ehemaligen DDR, Berlin 2006, S. 36; Mense, Jürgen: Ausländerkriminalität in der DDR. Eine Untersuchung zur Kriminalität und Kriminalisierung von Mosambikanern 1979–1990, in: Kim Christian Priemel (Hrsg.): Transit/Transfer, Politik und Praxis der Einwanderung in die DDR 1945–1990, Berlin 2011, S. 158.